AF338889

ŒUVRE SYRIENNE

DES BÉNÉDICTINS

A JÉRUSALEM

ŒUVRE SYRIENNE

DES BÉNÉDICTINS

A JÉRUSALEM

OEUVRE SYRIENNE DES BÉNÉDICTINS

A JÉRUSALEM

Parmi les travaux qui ont rempli le pontificat si fécond de Léon XIII, il est juste de réserver une place d'honneur aux œuvres suggérées au grand Pape par son ardent désir de voir l'Orient chrétien mettre enfin un terme à ses égarements en rentrant dans le sein de l'Eglise catholique. Nous pensons faire plaisir à ceux qui liront cette notice en donnant quelques rapides détails sur l'état actuel des Eglises orientales. Soumises à une organisation toute spéciale, en raison de la diversité de leurs rites que les Papes ont voulu toujours conserver par respect pour leur très haute antiquité, ces Eglises ne sont qu'imparfaitement connues des catholiques d'Occident. Malgré leur brièveté, ces renseignements ne seront donc pas sans intérêt.

Il existe dans la partie asiatique de l'empire ottoman trois rites ou Eglises distinctes, répondant aux trois nationalités chrétiennes prédominantes en ces contrées. Ce sont, en dehors des catholiques latins : l'Eglise syrienne, l'Eglise grecque et l'Eglise arménienne, toutes trois remontant aux temps apostoliques et faisant usage, dans la liturgie, de leur langue nationale : le syriaque, le grec, l'arménien. Chacune d'elles se subdivise à son tour en un certain nombre de branches ayant leur liturgie propre.

Malheureusement, la plupart de ces Eglises autrefois si prospères sont depuis plusieurs siècles séparées de la Chaire de saint Pierre, du moins par le plus grand nombre de leurs adhérents, et ne puisent plus à la source cette abondance de vie qui en découle sur les âmes restées fidèles. Toutefois, surtout depuis un siècle, le Pontife romain a eu la consolation de voir revenir à l'unité un grand nombre de ces égarés, au point que, actuellement, dans tous les rites, il existe une hiérarchie

MONASTÈRE ET ENCLOS DE SAINT-BENOIT
(A gauche, le séminaire syrien; au bas, le village de Siloë.)

catholique à côté de pasteurs non unis. Néanmoins, le nombre des dissidents dépasse encore, et de beaucoup, celui des fidèles qui obéissent aux évêques approuvés par le Saint-Siège.

L'Œuvre bénédictine de Jérusalem ayant pour objet l'Eglise syrienne, c'est d'elle qu'il faut nous occuper plus particulièrement dans cette notice. Cette Eglise mérite notre sympathie à plus d'un titre. Le fait qu'elle a conservé jusqu'à ce jour comme langue liturgique le syriaque ou syro-chaldaïque, c'est-à-dire la même langue que parlèrent durant leur vie mortelle Notre-Seigneur et sa Très Sainte Mère, suffit à attester son antiquité vénérable, voire à lui assurer le glorieux privilège de nous avoir été transmise comme un vivant souvenir, un écho plus touchant de la prédication de notre divin Sauveur. Cette Eglise comprend à son tour quatre rites distincts : le rite maronite dans le Liban, le rite syro-chaldaïque dans la Chaldée, le rite syro-malabar

MONASTÈRE DE SAINT-BENOIT — MONT DES OLIVIERS

dans la partie méridionale de l'Inde, enfin le rite syrien proprement dit dans la Syrie et la Mésopotamie.

Les trois premiers rites ont déjà refleuri sous la bienfaisante influence des Jésuites et des Lazaristes dans le Liban, des Dominicains, des Capucins et des Carmes dans la Chaldée, des Jésuites sur la côte de Malabar. L'Eglise syrienne proprement dite, moins favorisée jusqu'ici, attendait qu'en Syrie un Ordre religieux entreprît à son profit une œuvre de régénération dont les trois autres rites ont si largement bénéficié. Les Maronites, en effet, sont tous catholiques ; les Malabars le sont en majorité ; mais la plupart des Syriens sont encore enveloppés dans le schisme séculaire : 3o ooo à peine relèvent du patriarche syrien catholique, actuellement S. B. Mgr Ignace Ephrem II Rahmani, au lieu que 3oo ooo dissidents appelés communément Jacobites, du nom d'un fameux patriarche schismatique du vi^e siècle, Jacob Baradaï, obéissent à différents chefs. Cependant, depuis la reconstitution de la hiérarchie catholique, il y a un siècle environ, le nombre des fidèles augmente toujours, lentement, il est vrai, par suite de la pénurie d'ouvriers. « Donnez-moi de bons prêtres et des écoles, disait un jour Mgr Rahmani, et tous les Jacobites sont à moi. » Les Bénédictins de la Congrégation cassinaise de la primitive observance dite de Subiaco (1) ont reçu la mission de combler cette lacune.

Ces détails nous montrent que si ces peuples sont schismatiques, puisqu'ils n'obéissent pas à celui que Notre-Seigneur a établi chef de son Eglise, pourtant la plupart d'entre eux, surtout dans la masse, sont persuadés qu'ils font partie de la véritable Eglise, et l'on est ému de pitié à les voir observer scrupuleusement les pratiques extérieures d'une religion dont ils ne pénètrent le sens que bien imparfaitement, mais à laquelle ils sont attachés de tout leur cœur. A cette vue, on ne peut pas s'empêcher d'adresser une prière au Père des miséricordes de qui tout bien procède, pour demander des ouvriers capables de faire pénétrer la pleine lumière de la vérité dans ces âmes qui sembleraient si bien faites pour en profiter.

Cette compassion grandit quand on constate sur les lieux les efforts acharnés du protestantisme pour attirer à lui ces pauvres gens. Son influence directe sur la génération présente sera presque nulle : l'Oriental est attaché à ses traditions, et vouloir les lui faire abandonner, c'est peine perdue ; mais il consent volontiers à confier ses enfants à qui voudra leur donner une éducation gratuite. Aussi, tel est le moyen adopté par les protestants pour réussir dans leur entreprise : ils ont multiplié des écoles où ils ne ménagent pas le bien-être matériel. Au point de vue extérieur, ils évitent de heurter le peu de christianisme de ces malheureux qu'ils trompent ainsi sans peine, pour peu que la cupidité s'en mêle. Ils peuvent, par ce moyen, semer dans les âmes les

---

(1) La Congrégation cassinaise de la primitive observance, appelée aussi de Subiaco parce que ce monastère est le siège de son Abbé général, a des branches ou provinces en France, en Belgique, en Espagne et en Angleterre.

principes rationalistes qui produiront tôt ou tard leur fruit naturel : l'indifférence en fait de religion. Or, si l'on n'y apporte un prompt remède, ce mal reculera, sinon pour toujours, au moins pour bien long-temps, peut-être pour des siècles, le retour de l'Orient à la vraie foi, en ruinant la seule prise que peut avoir la vérité pour opérer ce retour : le respect de ces peuples pour leurs très anciennes traditions. C'est ce qu'ont parfaitement compris les Souverains Pontifes, en particulier Léon XIII, d'illustre et sainte mémoire. Nul n'ignore le zèle tout apos-tolique avec lequel le grand Pape a poursuivi cette œuvre de l'union des Eglises ; il n'était du reste en cela que le continuateur de tous ses prédécesseurs sur la Chaire de saint Pierre, et ses avances aux chrétiens d'Orient ne sont qu'un nouveau cri d'appel poussé par le Sacré Cœur vers ces égarés.

Léon XIII favorisa de tout son pouvoir la création d'écoles de toute nature ; mais il réserva des encouragements tout particuliers pour la fondation, au centre même du pays à ramener du schisme, de Sémi-naires où l'on élèverait dans l'amour à la fois de leur rite et du plus pur catholicisme des jeunes gens qui, une fois prêtres, resteraient avant tout des messagers fidèles de la vraie doctrine et exerceraient sur leurs compatriotes plus d'ascendant que le prêtre latin, qui se heurte à trop de préjugés. La raison de ces préférences de l'auguste Pontife, il faut la chercher dans ce fait que, pour les Orientaux, la religion s'identifie, par suite de leur ignorance, avec le culte extérieur du rite dont ils font partie. Pour eux, relever d'un évêque catholique ou obéir à un schis-matique, c'est chose à peu près indifférente, pourvu qu'ils appartiennent au même rite. « Quelle différence y a-t-il entre vous et nous ? deman-dait dernièrement un évêque schismatique à des catholiques du même rite ; vous et nous, mais c'est la même chose !..... » Cette œuvre des Séminaires est donc le remède le plus efficace pour guérir l'ignorance, cause principale de tous les malentendus, et c'est la création d'un Ins-titut de cette nature que le pape Léon XIII a confiée aux Bénédictins de la susdite Congrégation cassinaise.

Connaissant les services rendus jadis par les Bénédictins en Orient et aussi la sympathie dont cet Ordre y jouit, le grand Pape comptait sur lui pour travailler au retour des Eglises dissidentes. C'était l'un des bons résultats qu'il attendait de la création du collège bénédictin de Saint-Anselme, à Rome, comme il s'en exprimait dans une audience

accordée aux étudiants de ce collège. Son désir allait se réaliser d'une
manière toute providentielle.

En 1899, Sa Sainteté, après une entente préalable avec le gouvernement
français, autorisa par un *motu proprio* en date du 14 novembre 1899
les Bénédictins français de la Congrégation cassinaise à prendre pos-
session du sanctuaire de Kariet-el-Enab (Abou-Gosch), situé à 13 kilo-
mètres de Jérusalem, sur le bord de la grand'route qui mène de la

SÉMINAIRE SYRIEN 1906-1907

Ville Sainte au port de Jaffa. Ce sanctuaire est la propriété de la France
depuis que le sultan lui en a fait don en 1873, et ses nouveaux gardiens
doivent le restaurer pour le livrer au culte. Ils y étaient depuis deux ou
trois ans à peine quand, à la requête du patriarche syrien catholique,
Léon XIII chargea le Rme Abbé général de la Congrégation de Subiaco
d'ouvrir à Jérusalem un Séminaire de rite syrien.

Pour se conformer aux nouveaux ordres émanés du Saint-Siège, les
Bénédictins se déterminèrent à jeter les fondements d'une maison

d'étude où l'on donnerait l'éducation complète à de jeunes Syriens, depuis les premiers éléments jusqu'au jour où, revêtus du sacerdoce, ils seraient en état de travailler à la conversion de leurs frères dissidents. Dans cette vue, ils firent l'acquisition d'un terrain situé sur le sommet Sud du Mont des Oliviers, exactement en face de l'ancienne Jérusalem. Ils aménagèrent provisoirement une maison arabe, et, dès le mois de mai 1903, trois jeunes Syriens étaient admis à commencer leurs premières études.

S. S. Pie X a témoigné la plus paternelle sympathie à l'œuvre nais-

VUE DE JÉRUSALEM PRISE DE SAINT-BENOIT

sante, se plaçant par un don princier, avec son glorieux prédécesseur, au premier rang de ses bienfaiteurs insignes. Il l'a de plus chaleureusement recommandée à la charité des fidèles par une lettre autographe dont on trouvera le texte à la fin de la notice. Grâce à la munificence des deux Pontifes, grâce aussi à des générosités pour lesquelles maîtres et élèves n'auront jamais trop de reconnaissance, une aile du futur Séminaire a pu surgir de terre, et, en ce moment, le nombre des élèves monte à seize. La bonne tenue de ces enfants, leur conduite exemplaire, leurs progrès dans les études donnent à leurs éducateurs les meilleures espérances de succès. Le contact perpétuel de la vie monastique et surtout le zèle déployé par les Bénédictins, leurs maîtres, pour la célébration de l'office divin de jour et de nuit exercent sur ces jeunes cœurs la plus heureuse influence, et insensiblement ils s'assimilent un idéal de vie chrétienne bien supérieur à celui que leur a donné leur première éducation.

Malgré tout, ce ne sont là que des débuts. Quand on compare ce qui est fait avec ce qui reste à faire ; quand on se dit qu'il faut se procurer des ressources pour construire un monastère avec Petit et Grand Séminaire, une église répondant aux exigences des deux rites, le latin et le syriaque, et qu'enfin on réfléchit à l'indigence de ceux à qui l'œuvre est confiée, on serait tenté de la croire impossible.

Mais si les Bénédictins de Palestine sont pauvres de cet or que les sectes hérétiques prodiguent à pleines mains, ils se glorifient de mettre toute leur confiance dans la bonne Providence qui n'abandonne jamais ceux qui travaillent à l'extension du royaume de Dieu. Ils savent que la croix est à la base de toutes les œuvres saintes, et ils ont la certitude que le divin Maître fera entendre aux âmes généreuses ce conseil qu'il donnait à ses disciples : « Donnez, et il vous sera donné ; on versera dans votre sein une bonne mesure, pressée, secouée et débordante ; car on usera envers vous de la même mesure dont vous vous êtes servis envers les autres. » (*Luc.* VI, 38.) Ils ont conscience de faire l'œuvre du Sacré Cœur, et ils savent que leur espérance ne sera point confondue.

Ils osent donc pousser un cri d'appel vers ces âmes dévouées qui ont la noble ambition « de se faire dans le ciel des trésors qui ne s'épuisent jamais ». (*Luc.* XII, 33.) Elles se souviendront qu'elles contribuent à l'œuvre de prédilection du Sacré Cœur : la formation de saints prêtres, les futurs apôtres de leurs frères séparés. « La moisson est grande, mais les ouvriers sont en petit nombre. Priez donc le maître de la moisson d'envoyer des ouvriers à sa moisson » (*Luc.* X, 2), disait le Seigneur à ses disciples, les envoyant à la conversion de cette Palestine qu'il a tant aimée. Cette plainte du divin Sauveur, n'est-elle pas bien justifiée encore de nos jours ?

Cet Orient qui nous a donné la foi nous la redemande humblement après plusieurs siècles d'égarement. Il est en notre pouvoir de la lui rendre et de ressusciter en son sein cette sève de christianisme qui a su former autrefois des géants de sainteté, tels que les Ignace d'Antioche, les Athanase, les Chrysostome, les Ephrem et tant d'autres. Travailler à faire refleurir la foi dans leurs anciennes Eglises, c'est s'attirer leur protection et leur puissante intercession auprès du Cœur sacré du divin Maître.

Avantages Spirituels Promis aux Bienfaiteurs de l'Œuvre

Mentionnons tout d'abord la bénédiction apostolique accordée par S. S. le Pape Pie X par une lettre autographe, dont voici le texte et la traduction.

Lettre autographe de S. S. Pie X.

[lettre autographe manuscrite de S. S. Pie X]

Dal Vaticano li 19 aprile 1904

Pius PP. X

Traduction de la lettre autographe de S. S. Pie X.

« Nous renouvelons la bénédiction apostolique déjà accordée à l'Œuvre de Jérusalem. Rien n'est plus saint que cette Œuvre. Nous désirons vivement que les fidèles répondent aux prières de nos bien-aimés Fils, les Bénédictins de la Congrégation cassinaise de la primitive observance, et fassent quelque chose pour leur venir en aide. A chacun des fondateurs et bienfaiteurs, Nous accordons la bénédiction apostolique. »

PIUS PP. X.

Du Vatican, le 19 avril 1904.

Les personnes qui, par leurs dons, concourent à l'établissement du Séminaire syrien à Jérusalem seront rangées sous les titres divers de fondateurs, de coopérateurs ou de bienfaiteurs.

1º Seront inscrits dans le Livre d'Or de l'Œuvre syrienne de Jérusalem à titre de fondateurs, à la suite de Léon XIII et de S. S. Pie X, ceux qui feront don à l'Œuvre d'un capital représentant une bourse

ÉGLISE, RÉSIDENCE ET JARDIN DE KARIET-EL-ENAB (ABOU-GOSCH)

entière, c'est-à-dire 10 000 francs. A ceux-là, le R^{me} P. Abbé général de la Congrégation cassinaise de la primitive observance accordera une lettre d'affiliation à la Congrégation pour eux-mêmes et pour tous les membres de leur famille. A la mort d'un fondateur, la communauté du Mont des Oliviers célébrera un service solennel et trente Messes pour le repos de son âme. Les noms des fondateurs seront gravés sur un marbre commémoratif.

2º Seront inscrits comme fondateurs au second degré ou coopérateurs ceux qui auront fondé une demi-bourse, moyennant un capital de 5 ooo francs. Il leur sera accordé une lettre d'affiliation personnelle ; à leur décès, on célébrera pour eux quinze Messes, et leurs noms seront aussi gravés sur une pierre commémorative.

3º Seront inscrits comme bienfaiteurs de l'Œuvre tous ceux qui auront fait une offrande d'au moins 100 francs. Tous les bienfaiteurs seront participants aux biens spirituels et temporels de la communauté et du Séminaire du Mont des Oliviers. Les religieux célébreront à perpétuité une Messe chaque mois pour les bienfaiteurs vivants et défunts, ainsi que pour les fondateurs de l'Œuvre syrienne.

4º Enfin, toute personne ayant aidé l'Œuvre susdite en quelque manière que ce soit, serait-ce par l'aumône la plus minime, aura part aux mérites de cette Messe mensuelle.

Nota. — Les personnes qui voudront contribuer à cette Œuvre sont priées d'envoyer leurs offrandes à l'une des deux adresses suivantes :

R. P. D. Benoît Gariador, prieur du monastère de Saint-Benoît, Mont des Oliviers, Jérusalem (Palestine).

Rᵐᵉ P. D. Léandre Lemoine, abbé des Bénédictins de la Pierre-qui-Vire, à Kain-la-Tombe, près Tournai (Belgique).